TU ÉXITO EN MULTINIVEL

en 7 pasos

Revelando cómo triunfar en Multinivel sin
perder miles de dólares y muchos años
en la zona de frustración

Edgardo Moreno

Nuestro Miedo más profundo

Nuestro miedo más profundo no es el de ser inapropiados. Nuestro miedo más profundo es el de ser poderosos más allá de toda medida.

Es nuestra luz, no nuestra oscuridad, lo que nos asusta.

Nos preguntamos: ¿Quién soy yo para ser brillante, precioso, talentoso y fabuloso? Más bien, la pregunta es: ¿Quién eres tú para no serlo?

Eres hijo de Dios.

No hay nada sabio en hacerse pequeño para que otras personas cerca de ti no se sientan inseguras.

Nacemos para poner de manifiesto la Gloria de Dios que está dentro de nosotros,como lo hacen los niños. Has nacido para manifestar una Gloria Divina que existe en nuestro interior.

No está solamente en algunos de nosotros: Está dentro de todos y cada uno.

Y mientras dejamos lucir nuestra propia luz, inconscientemente damos permiso a otras personas para hacer lo mismo. Y al liberarnos de nuestro miedo, nuestra presencia automáticamente libera a los demás.

Marianne Williamson

Autor: Edgardo Moreno
Diseño de portada: Edgardo Moreno

Contacto
Edgardo Moreno
edgardomorenov@gmail.com
www.Fb.com/Edgardo.Morenov
Twiter: @edgardomlm
Skype: Edgardomorenov
www.AcademiaExpertos.com
www.LaMaestriaenMultinivel.com
www.MultinivelExpress.com

Un proyecto Editorial de

Tu Libro en 21 dias
www.Tulibroen21dias.com

DEDICATORIA

A todos los hombre de corazón rebelde, a los soñadores, a los innovadores, a los que no se conforman a las circunstancias y no se distraen con los circos de la vida.

A los que aman tanto a sus familias que están dispuestos a pagar el precio del cambio, el precio del desprecio y de la falta de comprensión.

Sobre todos a los que están experimentando una metamorfosis para convertirse en profesionales de las redes de mercadeo.

A mi esposa que me apoya de una poderosa, cuando me regala de su tiempo para que yo me dedique a estudiar y escribir.

A mis hijos Andrés, Joshua, Dany, Lily, Ava y Grace que se sienten orgullosos de contar que su papá es un escritor.

A todos los que directa e indirectamente me animan e inspiran con sus preguntas, entrevistas y aportes de todo tipo.

A mis alumnos en la Academia de Expertos, La Maestria en Multinivel y Coaching Millonario, por considerarme su socio en esta aventura que nos lleva hacia la libertad financiera.

A todos los lectores les deseo exitos y bendiciones en todo lo que hagan.

INTRODUCCIÓN

En 1886, David McConnell, un empresario nacido en una granja cercana a la ciudad de Oswego, en el estado de Nueva York, fundó la primera empresa de venta directa llamada "California Perfume Company".

En 1929 introdujo una nueva línea de productos que llamó Avon, con tanta aceptación que a los 10 años (1939) el nombre oficial de la Compañía pasó a ser Avon Products, Inc.

La idea McConnell, a lo largo de más de un siglo, ha hecho que AVON esté presente en unos 150 países de todo el mundo, con un número aproximado de Distribuidoras que sobrepasa los seis millones.

En esa misma época El Dr. Carl Rehnborg, quien realizó estudios y prácticas médicas en China creó el primer multivitamínico en Estados Unidos, que comercializó a partir desde 1934 por medio de su empresa California Vitamin, la que renombró en 1939 como Nutrilite. En el año 1945 adoptó el recién nacido sistema de mercadeo multinivel, para distribuir sus vitaminas.

130 años después de estos inicios la Industria de Ventas Directas, Multinivel, Mercadeo en Redes o Network Marketing, es una poderosa industria cuyo método ha sido aceptado y legalizado en la mayoría de países civilizados del planeta.

En 1910 comenzó a nacer la regulación de la industria cuando se fundó en Estados Unidos la primera Asociación de Vendedores puerta a puerta (Venta Directa), que luego se transformó en un grupo más grande que incluía a los vendedores por correo y que finalmente dió a luz en 1968 a la Asociación de Ventas Directas en los Estados Unidos y que es conocida por sus siglas en inglés como DSA, entidad que defiende y regula a las empresas del sector que desean asociarse.

Según las cifras oficiales de la DSA en el año 2014, 18.2 Millones de personas estaban registradas como Representantes Independientes Autorizados en una empresa de Multinivel en los Estados Unidos y de acuerdo a la Federación Mundial de Asociaciones de Venta Directa (wfdsa.org) el número global es de 100 Millones de personas, con un resultado en ventas anuales superiores a los $34.5 Billones en Estados Unidos y más de 184 mil millones de dólares a nivel mundial, lo que traducido en pagos diarios supera los 500 millones de dólares.

No obstante a esta poderosa historia en las que las empresas se han desarrollado de forma muy eficiente, el nivel de éxito de los 100 millones de socios, se reduce a menos del 15% de ellos, lo que deja una gran brecha entre el éxito de la industria y los empresarios independientes.

Según algunas empresas americanas de multinivel, las ganancias del 85% de sus socios no superan los $500 dólares al año, en otras el promedio de los que llegan a ganar más de $1000 dólares al año oscila entre el 10 al 20%, lo que deja a la mayoría de los socios en una situación muy lamentable, tomando en cuenta que como todo negocio existen inversiones mensuales de dinero, tiempo, creatividad y energía.

De allí que muchos se sienten decepcionados de la industria, de la empresa, de los productos, de los planes de pago, de los líderes y de un gran etc.

A pesar que la industria ha crecido cada año en cantidad de empresas, productos, países con presencia del multinivel y ventas, el sistema ha fallado en aspectos fundamentales que en otras especialidades de la mercadotecnia son esenciales para el éxito.

Recordemos que el mercadeo multinivel es una especialidad en la mercadotecnia y que cada vez que una persona estampa su firma en una aplicación de socio, está firmando el nacimiento de un **"Negocio Independiente Autorizado"**, pero la mayoría de personas no son conscientes de este hecho y por lo tanto no lo tratan como tal.

Este libro tiene como objetivo ayudar a cada emprendedor y emprendedora a entender las reglas básicas de pueden garantizar su éxito y le guiaremos por los 7 pasos fundamentales para que logre construir un proyecto de negocio ganador.

Como periodista, investigador, conferencista y escritor, tengo más de 25 años conociendo la industria en todos sus niveles, las entrevistas con los más exitosos networkers de habla español e inglés y con una docena de dueños de empresas del sector, me permiten condensar las mejores prácticas para que cada networker, sin importar si está en su primer año o ya lleva varios años navegando en las turbulentas aguas de los negocios propios, pueda ordenar ideas muy sencillas, pero prácticas que pueden darle muy buenos resultados en el mediano y largo plazo.

Así que comencemos a construir **Tu Éxito en Multinivel en 7 pasos**.

CONTENIDO

CAPÍTULO 1

PRIMERO LO PRIMERO

Te cuento la historia de José Luis, un joven de 30 años a quien la vida le había tratado muy bien a pesar que solo tenía estudios de secundaria, pero con su talento de vendedor y don de gente la había permitido salir adelante junto a su familia, hasta que un viernes de fin de mes, su jefe le llamó a la oficina para entregarle una carta en que agradece sus 8 años de trabajo en la empresa y le informaba que prescinden de sus servicios.

Al llegar a su cubículo a recoger sus cosas y muy confundido se enteró que la mitad de los empleados de la empresa estaban enfrentando lo mismo que el, algunos con historiales de trabajos de más de 20 años.

Con un cheque de dos meses de sueldo en un sobre, marchó a casa en medio de sentimientos de frustración, tristeza y enojo, porque no sabía como lo tomaria su esposa la noticia y como resolverian su futuro.

Afortunadamente su esposa había comenzado un negocio de redes de mercadeo 6 meses antes y comenzaba a ganar un poco de dinero, no obstante alcanzaba a penar para hacer la compra minima y así mantenerse activa en el negocio, con la esperanza que un dia el ingreso fuera muy importante.

A Luz María no le extrañó la noticia del despido de su esposo, especialmente porque había escuchado muchas veces a sus líderes explicar que ningún trabajo es seguro y que con los cambios tecnológicos,y las crisis en las empresas muchas personas estan y seguiran perdiendo su empleo. Ánimo a su esposo y le pidió que le acompañara a una reunión de su empresa.

Jose Luis y su esposa encargaron sus 2 hijos a su mamá y asistieron a esa reunión que trajo mucha ilusión y esperanza a sus atribuladas vidas; para José Luis el tema de las ventas era lo más natural e inmediatamente comenzó a hacer un plan de trabajo que pronto le permitiría vender el producto que su esposa había acumulado en los últimos meses, ya que ella no tenía capacitación en ventas y rápido el mercado caliente se le termino, por lo que había comenzado a acumular producto.

En la primera semana José Luis y su esposa disfrutaban de las mieles de esta aventura empresarial, pero había algo que no estaba bien ya que Luz María le habia dicho los precios de venta a Jose Luis y cuando comenzaron a hacer cuentas, básicamente habían recuperado la inversión, pero no había una ganancia importante y esto debido al consejo de un líder que había recomendado vender el producto al costo y hablarle a toda la gente de la oportunidad de ser distribuidor, esperando que la gente probara el producto y luego se inscribieran, cosa que no sucedía, por lo menos en el corto plazo.

Después de 2 meses de estar en esta dinámica y de haberse terminado los dos cheques que recibió cuando lo despidieron, comenzaron los problemas, por que asistían a todas la reuniones, invitaban amigos, familiares, ex compañeros de trabajo y vecinos, pero la gente no pasaba de comprar uno que otro producto, pero nadie hacía el negocio. Los 3 que se inscribieron el mes pasado, ya ni contestan el telefono, asi que algo no estaba bien.

En un acto de desesperación José Luis se puso a buscar informacion de como otros estaban teniendo éxito en el multinivel, sabía que si otros estaban teniendo éxito y el tambien podia hacerlo, pero de seguroa había algo que faltaba en la información que daban sus líderes y así fue como un dia encontro un video de La Maestria en Multinivel en Youtube y me escribió a mi email para contarme su historia.

Recuerdo que quedamos de entrevistarnos por Skype y estaba un poco nervioso y ansioso al mismo tiempo, quería un consejo o una recomendación que le resolviera sus problemas a la brevedad posible.

Recuerdo que en esta plática le hice algunas preguntas y me di cuenta que ni el el, ni su esposa tenían experiencia empresarial en el buen sentido de la palabra, si conocían lo que les había dicho del sistema de distribución, del mercadeo o promoción boca a boca, de hacer una lista de 200 nombres y hablarle a todos los que se les cruzaran de la gran oportunidad que tenían, de los espectaculares productos y de cómo la gente ganaba mucho dinero, pero ello no sabían cómo pagar la renta del siguiente mes.

Tome mi material de clases y recuerdo que le dije que lo que le tenía que decir quizás lo iba a desilusionar, pero como entendía que quería sacar a su familia y a su negocio adelante, más le valía que abriera su mente y corazón para poder entender que mis palabras aunque fueran duras solo tenían como propósito retarlo para adquirir las habilidades y los conocimientos que las personas que tenían éxito en su empresa tenían y así garantizarnos que estaría caminando en la dirección correcta.

Y aquí le pedí que tomara un cuaderno y escribiera: PRIMERO LO PRIMERO.

Luego le fue explicado los siguientes puntos como el inicio de un negocio exitoso en la redes de mercadeo.

1- **Un Negocio disfrazado de oportunidad.** La gente que tiene éxito en la Industria de Redes de Mercadeo o Multinivel saben que cuando se firmaron como "Representantes Independientes Autorizador" iniciaron UN NEGOCIO, y por ende lo deberían tratar como tal. Un negocio requiere saber varias cosas: Existen Responsabilidades legales, administrativas, éticas, operacionales, presupuestos para cada departamento, etc.

Existen costos de operación e inversiones en Mercadeo, por eso se llama "Mercadeo en Redes o Redes de Mercadeo". El éxito de toda red es el **mercadeo.**

El socio se apalanca o se aprovecha que una gran empresa hizo una inversión importante en investigaciones, patentes, producción, empaque y le da acceso a los productos a un precio de distribuidor, pero de ahí en adelante el negocio queda en sus manos y bajo su completa responsabilidad.

Si somos un poco más profesionales podemos decir que UN NEGOCIO requiere un Plan Estratégico de Negocio, que incluye todos los aspectos fundamentales de un negocio tradicional, como inversión en productos, inventario, costos de operación, contabilidad, estrategias de mercadeo, atencion al clientes y seguimiento entre otras.

Le aclare a José Luis que aunque suena un poco complicado no los es, y el tomarlo en serio permite que se proyecte un negocio que deje ganancias y no pérdidas, que deje satisfacciones y no frustraciones.

2- **Líder o Seguidor.** Ser un líder en la industria de Multinivel que escala al 15% que los empresarios que ganan los cheques de 5 a 10 mil dólares al mes requiere que vean este **NEGOCIO** también como una **PROFESIÓN**.

Este es un cambio en el paradigma que el Multinivel es una Oportunidad, ya que no lo es, es una carrera de mercadotecnia específica y es muy generosa para el que quiere hacer una carrera como **PROFESIONAL** y es ese el que ganara los grandes cheques y las grandes satisfacciones que vienen con un trabajo hecho **PROFESIONALMENTE**.

Si piensas como aprendiz de una profesión, ganas como aprendiz, si te conviertes en un profesional, ganar como profesional y si te conviertes en experto, ganaras como experto; estos son los tres niveles de esta profesión.

A mi me gusta explicar que a mi me tomó varios años en la Universidad terminar mis estudios en Comunicaciones y Periodismo, que asistía a clases 5 dias por semana, pagaba la colegiatura, ya que era una Universidad privada y entregaba tareas; todo sin la certeza que cuando me graduara tendría asegurado un trabajo.

Pero como desde la primera semana que comencé a estudiar me dediqué a buscar y practicar lo más que podía cada habilidad e mi profesión, antes de terminar mi primer semestre encontré trabajo en un canal de televisión local y un año después estaba viajando como corresponsal para 2 agencias internacionales de noticias.

Para el 90% de mis compañeros el trabajo comenzó hasta después de 3 o 4 años de estudios y me di cuenta que en el Multinivel es los mismo, hay gente que toma la vía lenta y larga, mientras que si te dedicas adquirir los conocimientos de un profesional los resultados llegan más rápido y la curva de aprendizaje es mucho más corta, así que era necesario decidir si José Luis haria este NEGOCIO de forma PROFESIONAL o si tomaría la vía larga.

3- La Motivación sin capacitación produce frustración. Por más de veinte años he asistido a cientos de eventos corporativos de la industria de las más diversas empresas y cada vez me sorprende el nivel de motivación que se logra en cada evento, de ahí que se recomienda no perderse ningún evento, convención, entrenamiento y así mismo se debe tratar de llevar a la mayor cantidad de prospectos y por supuesto miembros de su organización, ya que cada evento produce una avalancha de dopamina, conocida también como la hormona de la felicidad, de serotonina, hormona que mejora el ánimo de las persona y endorfinas que producen un estado de felicidad y emoción.

No obstante estas hormonas pierden su efecto una vez que regresamos regresa a nuestra realidad y los obstáculos nos recuerdan que antes lo intentó y falló; y que que quizás esta vez también fallará.

La única forma de que la Motivación perdure es cuando la persona es sometida a un práctico sistema de entrenamiento para aprender a Generar prospectos para clientes y socios, a presentar efectivamente, a hacer cierres colaborativos y duplicarse, en el negocio.

Adquirir, modelar o copiar las habilidades de la gente exitosa, eso garantiza que la disciplina derrote las adversidades de la vida diaria.

4- Dos perspectivas del negocio. Normalmente no se nos habla que en esta industria existen dos perspectivas de negocio: **la de la empresa y la del empresario**. En este punto quiero aclarar que la empresa tiene muchos recursos y personal para cuidar cada área de su negocio, tiene Gerentes Administrativos, legales, de Mercadeo, Organizadores de eventos, etc.

Ellos están en sus puestos pagados para proteger los intereses de la empresa ante todo y aunque su éxito depende de la relación con sus promotores, no sacrifican un dólar o un espacio, por favorecer a nadie más que la empresa, ese es la razón de su éxito. Esto no es malo, por el contrario mientras mas grande el celo empresarial, más estable es el proyecto.

Por otra parte está **la empresa del Representante Independiente Autorizado o el "Yo Inc"**, cómo se definiría el negocio a partir de tu firma en el contrato que tiene muchas letras pequeñas.

Este punto es importante entenderlo para saber que el único responsable de nuestro éxito, somos nosotros mismo, no es el gerente de la empresa, no es vicepresidente, ni el departamento de mercadeo, mucho menos el legal que vela que no se violen las reglas de trabajo. Tampoco es responsable nuestro patrocinador, somo nosotros 100% responsables, eso hace la diferencia de alguien que entiende que es un **EMPRESARIO** de alguien que viene buscando que alguien lo dirija.

Como empresario debo cuidar antes que nada **MI MARCA PERSONAL y si no existe, hay que crearla**. Este concepto lo he aplicado en los últimos 10 años y a generado muy buenos resultados en mi carrera y en la de cada persona que lo pone en práctica.

Podemos tener el mejor producto del mercado, con el respaldo de una empresa sólida y con un precio adecuado, pero si nuestra **Marca Personal** es deficiente, se enviará el mensaje equivocado y los resultados serán desastrosos; pero si por el contrario nuestra **Marca Personal**, transmite confianza, postura, autoridad y cercanía con el público, resultará en un negocio muy lucrativo para todas las partes.

5- **No hay atajos**. Le explique a José Luis que en el mundo existen leyes universales que se aplican al Multinivel. No hay atajos, botones mágicos o programas en internet que hagan tu trabajo. Claro que una buena campaña en las Redes Sociales te puede traer Mil prospectos en un día, de los cuales 100 preguntaran y quizas 5 o 6 haran algun tipo de negocio contigo. El problema no está en generar los miles de prospectos, el problema surge cuando llegan y tu no eres la persona adecuada, capacitada, con la imagen apropiada, con la comunicación verbal y no verbal al nivel de las expectativas de los prospectos. Si no estas listo **TODO SE ECHA A PERDER**, esto lo he visto decenas de veces y es una lastima, el problema en este punto es la negación del emprendedor, que se niega a entender que el producto está bien, la empresa está bien, pero que a él le falta habilidades de un buen profesional que logra cierres de negocios una y otra vez.

El proceso no te lo puedes saltar, debes dedicar horas y horas a prepararte para **SER**, luego **HACER** y por último **TENER**.

No se trata solo de dar muestras, de regalar folletos, de estar en primera fila en los entrenamiento, hay habilidades que no se enseñan dentro de la industria, no se enseñan dentro de tu compañía y sin esas habilidades, conocimientos y técnicas no tendras exito.

No te enseñaran a hablar en público, no te enseñarán a preparar un discurso de cierre efectivo, no te enseñarán cómo filtrar a los prospectos para solo trabajar con los mejores, no te enseñarán cómo convertirte en una celebridad en las redes sociales, no porque no quieran, sino porque las redes sociales no existían cuando ellos se hicieron estrellas, por lo tanto le temen a lo desconocido.

No te enseñarán a hacer Facebook Marketing, Marketing en Twitter o a usar Youtube o Google Hangout y ahora en el siglo 21 estas herramientas te pueden llevar a donde ellos están, pero en una fracción del tiempo que a ellos les tomó.

Termine mi conversación con José Luis invitándole a que buscara un trabajo para poder garantizar el sustento de su familia y que luego regresara en su tiempo libre a adquirir el conocimiento que le ayudará a convertirse en una estrella del multinivel.

Afortunadamente como era un buen vendedor, rapido encontró una plaza permanente y tomo mi consejo, estudió y siguió apoyando a su esposa, pero con una nueva estrategia PROFESIONAL. Después de un año pudo dejar su empleo a tiempo completo porque su ingreso en la empresa de multinivel ya era el doble de lo que ganaba en su trabajo a tiempo completo.

El proceso que José Luis aprendió en 11 meses de estudio para convertirse en un PROFESIONAL DEL MULTINIVEL fue:

1- **Mercadeo de Atracción**.

Mercadeo de Atracción es la técnica que sustituye la fallida técnica de persecusion o interrupción, aplicada sin éxito en los últimos años.

Mercadeo de Atracción consiste en aprender a atraer más prospectos, en menos tiempo, de mejor calidad y con más altos resultados. Se basa en la construcción de una Marca Personal Profesional. Su desarrollo incluye el uso apropiado del internet, las redes sociales, Mercadeo Movil, Mercadeo de atraccion presencial, etc .

2- **Filtración**.

Nadie puede negar que la calidad de un buen negocio está basado no solo en una oferta de calidad, sino en la respuesta positiva de un buen grupo de socios de calidad, al igual que un buen grupo de clientes o consumidores, leales y de calidad.

De ahí que lograr atraer a la persona correcta es importante, pero también lo es filtrar a esas personas, para que en nuestro negocio logremos contar con la mejor calidad de socios y clientes.

En la mayoría de los casos, desconocer este principio nos lleva a una zona de mucho desgaste y frustración . Presentamos el negocio a la gente incorrecta, por lo tanto el nivel de rechazo es muy alto, pero si por el contrario logramos entre ese mar de gente atraer a un nicho de mercado con las mejores características aumentamos el nivel positivo de la respuesta.

La filtración comienza cuando elaboramos el mensaje, un mensaje que combina la información oficial de nuestra empresa con nuestra historia, con nuestro testimonio, también incluye las razones por la que consumimos los productos y hacemos el negocio; por último presentamos una OFERTA IRRESISTIBLE.

Una vez que la persona ha manifestado su interés, procedemos a la zona de filtración, en donde queremos estar seguros que la persona entendió los beneficios, entendió el precio que pagará si no toma una acción.

Si por otro lado hemos hecho una estrategia para atraer potenciales socios, también es importante saber filtrarlos para determinar si son observadores, tiene un bajo interés o está muy interesados.

Si el proceso de filtración es bien aplicado, estamos en camino a construir un negocio sano y fuerte desde el principio.

3- **Presentación efectiva**.

Todos sabemos hablar, pero no todos sabemos comunicarnos efectivamente. A veces decimos cosas que no se entienden, que no son relevantes para el prospecto, que confunden o hablamos de más. Por lo tanto ser un comunicador eficaz es elemental para tener éxito en la industria de las redes de mercadeo.

Una vez que tenemos al prospecto en frente, en la línea telefónica, en la conversación por facetime, skype. etc. debemos establecer el motivo y la meta de la misma.

Luego procedemos a cumplir ese propósito. En mi caso me gusta aplicar un modelo aprendido en la Academia de Expertos de Brendon Burchard y que tiene los siguientes elementos.

Me gusta contar mi historia en un par de minutos

a) Quién soy
b) Cuál era o cuáles eran mis problemas, obstáculos, dolores o enfermedades.
c) Qué fue lo que encontre.
d) Qué tengo ahora que ofrecer.

Luego paso a hacer preguntas para entender por que la persona está dedicando tiempo a hablar con migo.

Un dato muy importante producto de la Ciencia del Conocimiento o Neurociencia es que en toda presentación más importante que el mensaje, es el tono de voz y el lenguaje corporal que le acompaña para ser más efectivo en el objetivo de cierre de negocios.

4- Cierre Colaborativo.

La técnica del cierre colaborativo consiste en hacer preguntas específicas que ayudan a programar el cerebro del prospecto para una respuesta positiva al momento de terminar la presentación.

5- Seguimiento.

Si en algo las empresas financieras son muy eficientes, es en el seguimiento de sus clientes, por eso el sector financiero es tan productivo. Si nosotros tomamos en cuenta el seguimiento a los prospectos, también podemos elevar nuestro nivel de productividad, cierre y por ende nuestros ingresos. Aprender a usar la agenda es sumamente muy importante para este efecto.

El uso apropiado de las bases de datos, teléfono, correos electrónicos y direcciones postales de nuestros prospector puede traer muchos más beneficios que los un emprendedor se puede imaginar.

6- Duplicación.

Eric Worre de Go Pro nos enseña que si algo es bueno en Multinivel, pero no es duplicable, entonces no es bueno. El Secreto de nuestra industria es la duplicación.

Tener un sistema que las personas puedan seguir para prospectar, presentar y entrenar es indispensable par que nuestro negocio crezca.

No estoy hablando de lo que las empresas llaman duplicación, ya que basta ver las estadísticas para darnos cuenta que ellos siguen promoviendo como duplicación los sistemas de la era antes del Internet y las Redes sociales, de antes de la telefonía celular y las tabletas.

Algunos llaman duplicación donde el sistema se sostiene por la cantidad de nuevos socios y no de nuevos "profesionales", hay una gran diferencia.

De hecho en algunos países como Colombia, la legislación respecto a la industria ha cambiado y ahora prohíbe los negocios basados en el reclutamiento.

7- **Especialización**. El camino de todo aspirante a empresario o profesional, tiene tres fases: aprendiz, profesional y experto.

Según algunas universidades norteamericanas, un experto, es un Profesional con 10 mil horas de práctica en su profesión y alcanza el nivel de Experto que lo habilita para poder enseñar de forma masiva su experiencia.

En el mundo del multinivel sucede algo parecido. Un buen ejemplo de ello es el evento organizado por Eric Worre en Las Vegas, Nevada, Estados Unidos en donde suben al escenario, expertos que ganan por lo menos Un Millón de dólares al año.

No importa la edad, el país, la empresa, una producción de **ese** nivel le convierte en un Experto y por lo tanto puede compartir con autoridad su propia experiencia. Algunos de ellos, especialmente los que llevan varios años con esos niveles de productividad han logrado desarrollar estrategias que comparten el auditorium.

Por lo tanto para alguien que está serio en esta profesión, convertirse en un Experto debería ser una meta incluida en su

---

proyecto de vida, no necesariamente por la cantidad de dinero que se gana, sino por el nivel de influencia que se logra y que va mucho más allá de su empresa y su organización.

CAPÍTULO 2

MERCADEO DE ATRACCIÓN

Hasta hace unos 20 años el **Mercadeo de Persecución** promovido por los actuales líderes de la industria, a partir de la técnica de las listas calientes, tibias y frías habían dado un resultado relativo. Los que ahora tienen grandes organizaciones construyeron sus organizaciones y su historia a partir de esa fórmula que es respetable en el marco de las condiciones del mercado de esa época, el pequeño gran problema es que la siguen promoviendo a pesar del alto nivel de rechazo y frustración que la misma produce.

Hasta hace 20 años no existía el nivel de competencia en el sector, como el que ahora existe, por lo tanto no hacía falta de diferenciación. Cuando alguien te presentaba hace 20 0 30 años un sistema natural para bajar de peso, tu lo aceptabas como una gran novedad y una gran ayuda, pero con el surgimiento de tantas empresas de multinivel ofreciendo productos similares, es necesario buscar una diferenciación al momento de ofrecer el producto.

Lo mismo pasa con empresas de cosméticos, ropa, productos digitales, etc.

El **Mercadeo de Persecución** provoca entre otra cosas que "quememos" a la gente más cercana con ofertas de productos que aún no conocemos bien o con propuestas de negocios, que ofrecen ser la solución a los problemas y retos económicos de la gente, pero que al final ni nosotros mismos hemos recibido tales beneficios para poder dar testimonio que el sistema si funciona.

Normalmente los líderes nos envían a hablar con la gente que conocemos, de un producto que aún no conocemos y de un negocio del que conocemos la teoría, pero no la práctica de los resultados, por lo que causamos un efecto contrario al esperado. Nuestros familiares, amigos, vecinos y compañeros de trabajo terminan comprando algo por compromiso, solidaridad o lastima, pero no convencidos de los beneficios; no por que no sea bueno, sino porque nosotros aún no tenemos nuestro propio testimonio del mismo para hablar con autoridad.

Cuando se da esta compra, es para que sea colocada en donde están otros producto similares, pero sin darle el nivel de importancia que necesitamos que tenga para provocar en ellos una fidelidad al consumo.

En resumidas cuentas, las compras de este tipo no son buenas para nuestro negocio y dejan afectada la relación con nuestros conocidos.

Por otra parte, también se nos pide que hablemos del negocio con ese mismo grupo de personas y si seguimos instrucciones, repetimos el discurso que nos dijeron que repitieramos y los resultados son muy similares.

Si con nuestro entusiasmo logramos que algunas personas se firmen como socios, pronto nos damos cuenta que ellos esperan de nosotros apoyo, entrenamiento, una guía, etc. Lamentablemente nosotros aún no tenemos la capacidad de darles lo que ellos esperan y pronto abandonan las filas, a veces nos va tan mal que hasta el teléfono ya no lo contestan cuando les llamamos.

Y qué decir del siguiente mes cuando tienen que hacer su compra mensual para seguir dentro del negocio. Se hacen los que no entienden porque, no han vendido el producto del paquete de inicio o simplemente dicen mentiras para evitarnos.

Y si nos vamos con la lista tibia o fría, nos va peor porque esa gente nos pregunta sobre nuestros resultados y pronto se dan cuenta que apenas comenzamos el negocio, que no tenemos resultados en la mayoría de los casos y que no representamos una oferta irresistible para ellos arriesgar su dinero y su tiempo con alguien a quien no conocen.

Asi que aca aparece el "**Magnetic Sponsoring**" o **Mercadeo de Atracción**, que desde mediados de los años noventa han producido cientos de millonarios, que sin tener mucha experiencia en la industria lograron atraer grandes cantidades de clientes y socios a sus organizaciones, con tremendo resultados.

El **Mercadeo de Atracción** se aplica con igual efectividad **fuera o dentro del internet**.

En el mundo moderno guiado mercadologicamente hablando por la información del internet y la televisión (aún), las empresas y sus productos de consumo masivo son muy similares y normalmente la competencia los lleva a ofrecer productos similares a muy bajos precios.

Muchos productos tipo "TVOffer" son una competencia a los productos de mucho mejor calidad de las empresas de multinivel, pero el público no lo sabe y por otro lado la ignorancia de muchos periodistas dañan también la industria con reportajes tendenciosos y generalistas; por ello una estrategia de atracción basada en la información, el conocimientos, contenido de valor y testimonio es muy necesaria en este momento de evolución tecnológica.

Un buen artículo, un buen video o un testimonio basado en los beneficios de un producto es mucho más poderoso que una reunión tradicional en donde se mezcla el producto y el negocio.

Según datos oficiales el 85% de los que ahora son distribuidores en las Redes de Mercadeo iniciaron como consumidores, por lo que una meta de tener muchos consumidores no es descabellada, para alguien que está convencido que estará en la industria por mucho tiempo, obviamente en la misma empresa porque de lo contrario, estará trayendo clientes y dejándolos a beneficio de otra persona cada vez que se mueva una nueva compañía.

ELEMENTOS DEL MERCADEO DE ATRACCIÓN

1- **Marca Personal**.

Al igual que es importante en una empresa, en lo individual, para cada emprendor la Marca Personal o el Branding es elemental.

Este tema nunca antes se había considerado o se había explicado dentro de la industria, debido a que nos enseñaron que lo más importante es la Marca (corporativa), el producto (corporativo) y el plan de compensación o plan de negocio.

Imagina que estamos en una empresa de productos nutricionales o sistemas de bajar de peso, en una que termina en "life" o en cualquier otra palabra. En este momento te encuentras con una competencia de por lo menos 50 empresas con productos similares en tu mercado, pero también en la televisión anuncian productos para bajar de peso y en las revistas del supermercado abundan las ofertas con ofertas similares: "bajar de peso".

Entonces nos hacemos la pregunta, que nos puede hacer diferentes y exitosos; la respuesta comprobada es la **Marca Personal o sea "tu"**.

Es lo mismo que diferencia a un restaurante de otro o a un médico de otro, ese "nose que", "eso diferente que tiene", "ese trato único", "esa atención que le hace separarse de la competencia", esas salsa única, ese sabor único, esa atencion especial, etc.

"Tu" eres la diferencia, por lo tanto este punto te conviene entenderlo y aplicarlo para resultados duraderos y a largo plazo.

Como lo explico en mi libro **"Marca Personal en 90 días"**, unos dicen que el mundo es como una selva y otros como una aldea, lo importante es que hemos llegado a entender que como en la selva o la aldea sobresale el que es más fuerte o mejor dicho el que parece más fuerte.

Y allí es donde el desarrollo de una **Marca Personal** poderosa es parte esencial de la vida de toda persona que está dispuesta a obtener mejores resultados que sus similares, independientemente de la industria, profesión u organización a la que pertenezca.

Tener talento ya no es suficiente, ahora se necesita conocer y aplicar las técnicas que permita a otros ver nuestros valores, habilidades, diferencias y porque somos mejor opción que otros en nuestro campo.

Para Tom Peters, declarado gurú de gurús por The Economist y la revista Fortune, la marca constituye la diferenciación de los intangibles de una empresa: valor, credibilidad y singularidad de una marca.

A partir de su teoría de las 3 leyes físicas del marketing: Beneficios patentes, un motivo real para creer y una gran diferencia, Peters, demuestra que la marca es lo que nos define y que es mucho más que el marketing o los logotipos. Tiene que ver con la pasión, con la historia que contamos, la forma en que la contamos y los motivos de porque estamos en la empresa que estamos.

Tu Marca Personal es la razón por lo que las personas querrán comprarte a ti y no al desconocido de la calle o de la televisión, es la razón del porque los prospectos te elegirán a ti y no a otro de los miles de socios de tu empresa. **Eso es poder.**

CÓMO SE CONSTRUYE UNA MARCA

Uno de lo más conocidos expertos en el Neuromarketing asegura que la diferencia entre el Networker que no tiene éxito y el que si lo tiene está en el discurso diferenciado, la experiencia con el producto, el negocio y el posicionamiento como líder.

El cerebro rechaza discursos similares y vacíos, por cierto de esto está llena nuestra profesión: "Todos ricos", "todos millonarios", "todos diamantes", "todos en las playas del mundo", "todos exitosos", etc. A eso yo le llamo el éxito al reves, por que te enseñan el resultado, pero no logran presentar una fórmula y evitan hablar del proceso y el sacrificio que se paga para llegar a esa posición.

Entonces tenemos que desarrollar nuestra marca en el siguiente orden.

a) **Evaluar nuestra marca**. Eso se hace preguntando a un grupo de personas de confianza, que pensamiento o sentimiento experimentan cuando escuchan nuestro nombre o ven nuestro rostro.

Si fueran a nos recomendarnos para hacer una tarea en cualquier campo o especialidad, para que nos recomendarían.

Y por último, de forma sincera cuales creen que son nuestras habilidades más importantes o fuertes.

b) **A partir de la evaluación**, definir una estrategia para corregir la marca o reforzarla si estamos satisfechos con el resultado.

c) **Evaluamos nuestro, por qué?**. Examinarnos muy sinceramente para ver cual es la motivación que tenemos o sea descubrir el porqué queremos hacer este negocio. Es muy importante que el porque esté casado con un sueño muy grande. Si haces las cosas bien las metas materiales podrían llegar tarde o temprano, pero si el sueño es más grande que las metas materiales, siempre tendrás una motivación que te mueva a dejar la cama cada mañana y logre inspirar a tu equipo para seguirte en ese proceso .

d) **El Discurso.** Toda persona de éxito es un buen comunicador, con un mensaje poderoso. Prepara un discurso en el que presentes tu historia de forma atractiva, con elementos diferenciadores, con un gran porque, con el que la gente se pueda identificar, con un compromiso claro contigo mismo y con los que te siguen. La gente tiene que **sentir** y digo de nuevo **"sentir"** que les quieres ayudar y finalmente una oferta irresistible de tu parte.

No eres un vendedor que ofrece muestras y cuyo único objetivo es hacer un par de ventas. Eso es bueno pero si estás en camino a convertirte en un prefesional, la gente tiene que sentir que contigo se puede contar para algo más grande que una pequeña transacción.

c) **Del anonimato a la fama.** Todo emprendedor tiene que entender que el éxito tiene una hermana que es la fama; no nos referimos a la fama de ricos y famosos de Hollywood, pero sí a la fama de un emprendedor que tiene un mensaje, presencia, postura, elegancia, buen léxico, etc.

Así que un acelerador del éxito es crear las piezas de imagen y proyección que te presentan ante tu público o nicho de mercado como una celebridad, en resumen, buenas graficas en tu Muro de Facebook, Fan Pages que te presentan como especialista en cada área, Fan Pages de contenido de valor que te atraen seguidores, que eventualmente se convertirán en prospectos.

Pagar una sesion de fotografias digitales o pedir a alguien en casa que te tome una serie de fotografías con poses muy profesionales es elemental para transmitir una imagen de alguien con proyección profesional.

Una vez que esto esté armado, presentalo en las redes sociales de forma profesional, para ellos apoyate en elementos gráficos de calidad, tales como un logo, un slogan, una pagina fan en facebook o fan page, un canal de youtube, una cuenta en Twitter, instagram y si trabajas mucho con el mercado femenino también en Pinterest.

d) **Contenido de Valor**. Los profesionales con mayor proyección en todos los campos, son aquellos que dedican una parte importante de su tiempo en compartir su conocimiento, experiencia, filosofías, descubrimientos, etc.

Por ello una vez armada la estrategia social, debes alimentarla con lo que denominamos **"contenido de valor"** o sea información que tu prospecto valore. No hablamos de anuncios tipo clasificados, sino información con la que el prospecto pueda identificarse, información aplicada a su necesidad o dolor, a su frustración o problema que está enfrentando.

En otras palabras experiencias de los beneficios de un producto en particular, testimonios variados y muchos materiales que inicien con preguntas; Sabias que? Cómo...? lo que no se dice de... y tu deberias saber, etc

Todo esto es importante, porque mucha gente en el mercado presencial va querer saber mas de ti y te buscara en google o facebook y los cyberneticos te apreciaran mucho cuando te conozcan en el mundo presencial.

El **"contenido de valor"** puede presentarse formato de Ebooks o libros electrónicos, video, audios, conferencias en vivo, conferencias por medio de internet, entrevistas o sesiones de coaching por skype, etc.

Cuando hablemos de embudos de mercadeo, este **"contenido de valor"** también podría llamarse **"soborno ético"**

Muchos de mis mentores en Mercadeo Social coinciden que nosotros podemos publicar mensajes directos con llamado a tomar acción respecto a un producto o negocio, cada 3 o 4 publicaciones de valor o informativas.

e) **El Video Marketing.** Según los expertos ocupa el 70% del tráfico de todo el internet y la gente prefiere hacer negocios con alguien que conoce por medio de un video grabado o de una videoconferencia, en lugar de alguien a quien conoce por un blog o página de internet. Eso lo pueden evidenciar mis alumnos en www.LaMaestriaenMultinivel.com , en www.MultinivelExpress.com y en la www.AcademiaExpertos.com

Por lo tanto es sumamente importante que se usen los teléfonos , cámaras o computadoras para hacer mucho contenido de valor y generar así videos que se convierten en vendedores que trabajan para nosotros 24 horas al día, los 365 días del año.

g) **Acción Masiva Imperfecta.** Una vez teniendo la presencia caminando se puede pasar a la etapa de generar la prospección masiva o el tráfico masivo hacia nuestra oferta de negocio o venta de producto por medio de trafico pagado. Un Networker profesional que entiende que tiene un negocio sabes que hay costos operativos y el Marketing es un aspecto fundamental de cualquier negocio, pero con la llegada de las redes sociales, atraer clientes es una tarea bastante económica, mucho más que las tradicionales de participar en eventos o de andar persiguiendo a la gente.

Facebook Marketing por ejemplo, que es una especialidad que enseñamos en la www.AcademiaExpertos.com produce hasta **100 potenciales socios o clientes** de calidad por cada 100 dólares invertidos en publicidad.

Facebook es una fuente ilimitada de prospectos y con el buen uso de herramientas internas como el Power Editor, puedes segmentar tu nicho de mercado de una forma quirúrgica y optimizar así tu inversión.

Puedes seleccionar ciudades, países, profesiones, hábitos de consumo, edades, preferencias, gustos, etc. Todo eso es manos de una Networker Profesional es oro puro.

CAPÍTULO 3

FILTRACIÓN

El éxito de un negocio se acelera cuando logra captar la atención de clientes y socios calificados. Atraer clientes y socios de mala calidad generan entre otras cosas pérdida de tiempo, dinero y energía.

Por lo tanto a lo largo del proceso de generación de Marca Personal, especialmente a la hora de crear nuestro mensaje tenemos que asegurarnos que nuestro discurso está atrayendo a las personas apropiadas, con las motivaciones apropiadas.

En otras palabras nuestro discurso tiene la capacidad de atraer o repeler la gente, de aclarar dudas o aumentarlas, de derribar objeciones o aumentarlas.

RECOMENDACIONES

Recomiendo escribir nuestro guión de presentación y revisar si estamos incluyendo frases que atraigan a la persona equivocada.

Ejemplo:

Mi nombre es Alexis, provengo de un hogar humilde y con muchas limitaciones, pero entendí que nacer en un hogar humilde no implica que el resto de mi vida tengo que vivir en limitaciones y someter a mi familia un nivel de vida de escasez.

Como muchos de ustedes vivía con un gran deseo de superación, aunque las circunstancias no eran las mejores entendí que existen diferente caminos para buscar la prosperidad y la abundancia. El empleo no es una opción sería, no conozco a ningún empleado que pueda darle a su familia un estilo de vida como el que se merecen, descubrí que un empleo te ayuda a sobrevivir, pero no a vivir la vida que te mereces.

Descubrí que el 90% de los empleados vivimos a menos de un mes de la bancarrota, en otras palabras si un mes no trabajamos, nuestra familia estará en grandes problemas.

Como empleado no tenía ni suficiente dinero, ni suficiente tiempo para mi familia y finalmente encontré un vehículo que otros ya estaban usando con el que se logra después de un poco de tiempo bien invertido, tiempo y dinero para la familia.

Afortunadamente este vehículo de generación de ingresos lo puede manejar cualquier persona, hombre o mujer, joven o mayor, estudiado o sin mucha educación, porque este vehículo incluye sistemas de entrenamiento, como si se tratara del ejército, que te incluye la instrucción que te lleva de soldado a general, siempre y cuando sigas las reglas.

Si en algún momento te has sentido como yo me sentí, sin dinero y sin tiempo, quizás esto sea para ti.

No se trata de un botón mágico o un sistema de hacerse millonario de la noche ala mañana, pero si se trata de un sistema de trabajo o de negocio, que puedes comenzar haciendo en pocas horas a la semana, hasta que sustituya tu ingreso principal y te permita alcanzar niveles de ingresos que quizas no habias soñado.

En la vida no hay que andar inventando la rueda a cada rato, mejor tomar el ejemplo de otros que ya lograron lo que queremos y podemos imitarlos hasta tener los resultados que estamos buscando, por ejemplo yo admiro a….(aca incluyes el testimonio de una o dos personas que tu admires y que tienes los resultados que tu estas buscando).

Para finalizar quiero compartirte que estoy comprometido con una visión a largo plazo de ayudar a cien familias a lograr sus sueños, no será fácil porque hay que invertir tiempo, energía y recursos económicos. Esto es un negocio, pero si tu eres de los que quieres lo que yo quiero, mas tiempo, mas dinero y mas felicidad para sus familias, acá estoy para explicarte cómo lo podemos hacer juntos.

ESQUEMA

El esquema que sugiero seguir y que puedes ver en el discurso anterior es el siguiente.

- Quien Soy
- Cuales eran mis retos
- Qué fue lo que encontre
- Qué tengo para compartir

Por supuesto tu le puedes agregar tus detalles, pero asegurate de no enfatizar los aspectos negativos. Si enfatizamos que encontraste esta oportunidad porque llevabas mucho tiempo sin empleo, puedes atraer a desempleados desesperados que buscan una solución rápida a sus problemas de falta de dinero y te expones a que si no entienden el sistema, puedan decir cosas incorrecto y hasta mentiras con tal de lograr dinero rápido.

Si enfatizamos que en tu empresa la gente gana dinero rápido y sin mucho esfuerzo, atraerás cazafortunas, sin compromiso y que al poco tiempo podran ser tu peor publicidad, si no logran ver la promesa cumplida.

No todos los detalles se tiene que explicar en el primer discurso de atracción, pero debes asegurarte que la gente entienda aspectos fundamentales del negocios

- 100% responsabilidad en las acciones y resultados
- El patrocinador es un facilitador, no el departamento de atención al cliente
- El patrocinador es un socio, no un empleado que resuelve las necesidad del otro socio
- El Multinivel es un negocio de ventas, sino se mueve producto todos los meses no hay negocio para nadie
- El 85% de la gente que ahora hace negocios de Multinivel comenzaron como clientes, por lo tanto la primera tarea es generar una cartera de clientes

Y puedes incluir otros propios de tu empresa, producto, etc.

EMBUDOS DE MERCADEO Y FILTRACIÓN

Cuando generamos estrategias de Embudos de Mercadeo dentro y fuera del internet, también podemos filtrar a la gente para dedicar el tiempo de calidad a los prospectos calificados.

Ejemplo de mercadeo tradicional

1) Anuncio, volantes o publicidad dirigida a estudiantes universitarios.
"Oportunidad de Ingreso para estudiantes universitarios. Si quieres generar un ingreso de $500 a $1000 al mes en tus horas libres podemos ayudarte. Entrenamiento y Mentoría Gratis. Interesados llamar al teléfono 555-555-555

La llamada se contesta asi:

- Buenos días, le atienda Mario, en que le puedo servir?
- R/ Llamó por el anuncio....?

- Gracias por llamar, con quien tengo el gusto?
- R/ Juan Pablo Rodríguez
- Juan Pablo, muchas gracias por tu llamada, si se cortara la llamada a que numero te la puedo regresar...? (verificamos el número)
- Juan Pablo, para poderte ayudar, necesito hacerte algunas preguntas y después de eso te voy a dar alguna informacion muy importante, tienes una lápiz y una libreta donde escribir?
- R/ Si tengo o si estoy listo, etc
- Juan Pablo, tal como dice el anuncio, estamos ofreciendo la oportunidad a un grupo limitado de estudiantes universitarios para poder generar una importante cantidad de dinero en su tiempo libre, esto te puede ayudar a financiar tus estudios, un vehículo o ayudar a tu familia aun cuando estés estudiando.
- Contamos con un grupo de Mentores que tienen unos resultados muy buenos y están buscando jóvenes que quieran aprender a generar importantes cantidades de dinero. Como el tiempo de nuestros mentores es muy limitado, nos estamos enfocando en jóvenes, responsables, disciplinados, con grandes aspiraciones y enseñables.
- Juan Pablo tu crees que calificas con estas características que buscamos?
- R/ Sí creo que si
- Juan Pablo, te consideras una persona con liderazgo y en qué porcentaje?
- R/ 50%
- Juan Pablo, te consideras una personas automotivada?
- R/ Sí

- Te consideras una persona que alcanza las metas que se traza?
- R/ Sí
- Si tuviéramos una plática dentro de 12 meses, cuánto dinero extra te gustaría estar ganando al mes?
- $1000 dólares
- Crees que tienes realmente la disciplina y compromiso para aprender a generar $1000 dolares al mes?
- Si lo creo
- **Variable #1**: Si esto es así, necesito que tomes nota de la dirección, el horario y la persona con la que tienes que entrevistarte, para que te expliquen en persona los detalles de nuestro programa para universitarios.....
- **Variable #2**: Si esto asi, me gustaria enviarte una información a tu email para que puedas conocer la propuesta que tenemos para universitarios y completar un formulario que te permitirá tener acceso vía Skype o vía teléfono con uno de nuestros mentores, quien te puede acompañar por el proceso de selección.
- **Variable #3:** Juan Pablo, creo que tu calificas para nuestro proyecto con universitarios, ahora tengo que darle tus datos a uno de nuestros mentores para que te llame y te explique en detalle el proceso de selección, estarías disponible para tomar una llamada en la proxima hora?
- R/ Sí, claro que si.
- En este momento compartiré tus datos y tu interés con uno nuestros mentores que te estará llamando, el o ella te explicaran los detalles y contestarán todas tus preguntas.

SI LA PERSONA INSISTE QUE QUIERE MÁS INFORMACIÓN

- Juan Pablo, tal como te lo comente en nuestro proceso, primero necesito tomar tu información y verificar tus cualidades para ver si calificas, una vez que confirme tu legítimos interés, tengo que dar estos datos a una persona autorizada para que te pueda informar los detalles y que está autorizada para contestar tus preguntas.
- Lamentablemente yo no tengo acceso a la información que un mentor puede compartir contigo, pero tu me dices si quieres que siga adelante con la entrevista. (guarda un silencio profundo hasta que la persona conteste, si o no)

2) **Filtrando en el Mercadeo en Internet**

Un embudo de Mercadeo en internet es un poco similar, solo que los prospectos son atraídos por un anuncio pagado, una publicación en facebook, twitter, un video en youtube o vimeo, etc.

Toda publicidad debe ser dirigida a una Página de Aterrizaje es donde tomamos los datos de la persona, puede ser nombre, email y teléfono, etc. Ofreciendo cambio un **"soborno ético"** o sea una pieza de regalo o **"contenido de valor"**.

Una vez que la persona pasa al **"contenido de valor"** dentro de una **Carta de Ventas**, incluimos una **"formulario de filtración"**.

El formulario puede ser hecho en Google Drive o en Wufoo.com y puede incluir algunas preguntas como estas.

- Nombre

- Email
- Ciudad y País
- Skype
- Whatsapp
- Profesión o experiencia
- Tienes experiencia en negocio: si o no
- Has participado en negocios de multinivel en el pasado: si o no
- Si la respuesta es sí, puedes describir tu experiencia?
- Puedes comentar cuáles fueron tus resultados?
- Si no obtuviste los resultados esperados, puedes describir qué factores afectaron tu desempeño?
- Cual es la razón principal de solicitar esta entrevista?
- Cual seria una meta de ingresos que te gustaria lograr dentro de 12 meses?
- Cual te gustaria que sea el resultado de esta entrevista?
- Como puede ver una entrevista por teléfono o por medio de un formulario, determina entre otras cosas el nivel de interés genuino de una persona.

Así mismo las respuestas dan informacion que tu puedes usar durante el seguimiento, al nivel de usar sus respuestas como estrategia de cierre.

Lo importante es que en la pregunta se filtre el interés genuino de cada prospecto, eso facilita el trabajo de presentacion colaborativa, cierre y manejo de objeciones.

CAPÍTULO 4

PRESENTACIÓN EFECTIVA

Para poder hacer una presentación efectiva tenemos que entender el proceso de la comunicación a partir de los recientes Todos sabemos hablar, pero no todos sabemos comunicarnos efectivamente. A veces decimos cosas que no se entienden, que no son relevantes para el prospecto, que confunden o hablamos de más. Por lo tanto ser un comunicador eficaz es elemental para tener éxito en la industria de las redes de mercadeo.

Una vez que tenemos al prospecto en frente, en la línea telefónica, en la conversación por facetime, skype. etc. debemos establecer el motivo y la meta de la misma.

Luego procedemos a cumplir ese propósito. En mi caso me gusta aplicar un modelo aprendido en la Academia de Expertos de Brendon Burchard y que tiene los siguientes elementos.

Me gusta contar mi historia en un par de minutos

- e) Quién soy
- f) Cuál era o cuáles eran mis problemas, obstáculos, dolores o enfermedades.
- g) Qué fue lo que encontre.
- h) Qué tengo ahora que ofrecer.

Luego pasó a hacer preguntas para entender por que la persona está dedicando tiempo a hablar con migo.

Entre otras cosas pregunto:

Por qué estás aquí?

Qué te gustaría aprender o escuchar?

Qué te gustaría que fuera el resultado al final de esta reunión (presentación, entrevista, etc)?

Con estas preguntas puedo dirigir la presentación hacia aquella área de interés de mi receptor y no perder mi tiempo, así como el tiempo de la persona hablando de temas que no son relevantes.

Obviamente se supone que toda entrevista o presentación inicio por el interés de la persona por algún tipo de mercadeo de atracción y la persona saber que tema le interesa.

Si la persona pregunta por algún beneficio del producto, tenemos que enfocarnos en dar información y respuestas al rededor de ese tema y nunca tratar de mezclar o dirigir el tema al negocio u otro aspecto del que no se preguntó.

Si por el contrario la gente pregunta por el tema de negocio, hay que concentrarse en hablar en términos de negocio, para que los resultados sean los óptimos.

NEURO ORATORIA

Un dato muy importante producto de la Ciencia del Conocimiento o Neurociencia es que en toda presentación más importante que el mensaje, es el tono de voz y el lenguaje corporal que le acompaña para ser más efectivo en el objetivo de cierre de negocios.

Cuando hacemos una presentación el cerebro procesa la comunicación en este orden:

- Comunicación no verbal (Lenguaje del cuerpo) 65%

- Comunicación emocional (Como se dice)
  20%
- Comunicación Textual (Lo que se dice)
  15%

SIN RESULTADO PROPIOS

Uno de los problema que enfrentamos cuando comenzamos en una nueva empresa es que la gente nos pregunta por resultados, por ello es importante incluir dentro de nuestra presentación algunas aclaraciones que maten desde el principio las objeciones.

Debes iniciar comentando, Quien eres, cuales eran tus retos, qué fue lo que encontraste, que testimonios conoces de buenos resultados y ahora estás compartiendo con personas que quizás se sientan identificados contigo.

Si la persona pide por resultados, inmediatamente mencionas el nombre de una persona y compartes su testimonio. Puedes agregar en ese momento, esos testimonios son los que ahora me tienen haciendo lo que hago.

Importante es saber que no hay nada más poderoso que el propio testimonio, por lo tanto la máxima de la industria, de ser producto del producto, sigue teniendo toda la valides del mundo.

Tu tienes que contar con un testimonio propio no importa el producto o servicio que sea, ya que no es ético promocionar algo que no hemos experimentado.

Asegúrate de incluir en tu presentación el porque estas promoviendo esta información e incluye tu testimonio, pero basate en los resultados.

PRESENTACIONES EN INTERNET

En este siglo las presentaciones no tiene que ser solo presenciales, las presentaciones a distancia son una herramienta muy poderosa que todo emprendedor puede implementar como parte de su estrategia.

Google Hangout, Skype, Periscope, Meerkat, Facetime, etc son solo unas de las muchas herramientas gratis y pagadas que permiten hacer las presentaciones.

A diferencia de una presentación presencial, yo recomiendo señalar un par de aspectos desde el principio:

Motivo de la entrevista o presentación

Duración de la misma (se recomienda que no sea más de 30 minutos)

Pedir al oyente que guarde las preguntas para el final, por algunas se contestara durante la entrevista.

MANEJO DE OBJECIONES

En una presentaciones exitosas se deberían eliminar la mayor cantidad de objeciones posibles. En primer lugar debes hacer la tarea de enlistar las objeciones probables para tu propuesta, producto o servicio, luego debes incluirlas y eliminarlas en tu presentación.

Por ejemplo las objeciones más comunes que expresan las personas durante una presentacion de Multinivel son:

- No tengo tiempo
- No tengo dinero
- No me gustan las ventas

Basado en esta información yo cuento mi testimonio y les comento que como profesional de las comunicaciones tenia un buen trabajo como director de una estación de televisión en Los Ángeles, California, pero no tenía tiempo para mi famili y para cosas importantes en mi vida. El sueldo no era malo pero no crecía, ya que estaba atado a un contrato, aun y cuando el negocio dejaba más cincuenta mil dólares de ganancia al dueño, mi sueldo no recibia ningún ingreso adicional, por lo tanto decidí que el Multinivel era mi salida en que podía construir un negocio que me diera tiempo libre para las cosas más importantes de mi vida, me diera más ingresos y como no me considero un vendedor nato, me dedicaría a vender, haciendo lo que mejor se hacer, comunicandome con las personas y educandolas.

La fórmula funcionó y desde hace 7 años estoy dedicado a tiempo completo a trabajar desde casa.

Por supuesto en la práctica me di cuenta que vender es divertido y produce mucho dinero, especialmente cuando compartes todos los beneficios de los productos o servicios.

FÓRMULA DE ÉXITO

Cuando me preguntan cómo tener éxito de forma acelerada en un negocio multinivel, yo les digo: Primero experimenta el producto, para que puedas hablar de tu propio testimonio, en segundo lugar pregunta por otros testimonios, en tercer lugar vende la mayor cantidad de productos basado en esos testimonios.

Solo cuando has comprobado que el producto es bien recibido por sus beneficios, entonces podrás comenzar a prospectar usando mercadeo de atracción para el negocio.

No hay éxito, si no hay un testimonio muy personal y sin la prueba social que el producto se puede vender en buenas cantidades basado en los beneficios del mismo.

CAPÍTULO 5

CIERRE COLABORATIVO

La técnica del cierre colaborativo consiste en hacer preguntas específicas que ayudan a programar el cerebro del prospecto para una respuesta positiva al momento de terminar la presentación.

Las preguntas se pueden adaptar a tu cierre, no tienes que usarlas todas, pero si las aplicas puedes evaluar de primera mano la efectividad de tu presentación.

- Estas o están de acuerdo que los beneficios que he mencionado son importantes?
- Crees o Cuantos creen que la información que acabo de compartir es relevante para sus vidas?
- Si 1 es poco y 10 muy importante, que calificación le darías a esta información?
- Si 1 es poco y 10 en muy interesado, como calificarias tu interés en conocer más detalles?
- Si 1 es poco o nada y 10 es completamente decidido, cómo calificarías tu interés para ser parte de este proyecto?

Si la gente califica de 0 a 3, son muy fríos y debes de hacer 2 cosas:

1- Preguntar qué fue lo que dijiste o no dijiste para generar ese nivel de calificación

2- Si es una presentación o entrevista grupal dedicar tu mirada y tiempo a la gente que calificó de 4 en adelante

Si la gente califica de 4 a 6, esta gente está tibia y debes preguntarles, qué información falta o que les gustaría saber para que su interés sea más alto.

Si la gente califica de 7 en adelante coloca en sus manos inmediatamente los formularios de afiliación y/o compra.

UP SALE

Una vez que las personas han firmado o hecho su pedido, tu deberias tener una estrategia de vender más o de obtener más compromiso de ellos, de todas maneras ya son nuevos clientes o socios, eso significa que están confiando en ti y están aún en posibilidades de tomar más acciones.

Si son clientes, ofrece una oferta irresistible que te suba el volumen de la venta, en la mayoría de los casos puedes disminuir tu porcentaje de ganancia y mover producto que quizás está estancado.

Si es un nuevo socio podrias estas listo con un paquete de materiales de mercadeo o libros o entrenamientos que sirvan para decirle que si toma el siguiente nivel de participación le darás un regalo.

El dinero de ese regalo sale del bono de inicio rápido del siguiente paquete o de la diferencia entre el paquete 1 y el paquete 2.

CAPÍTULO 6

SEGUIMIENTO

Si en algo hemos fallado la mayoría de los networkers de todas las épocas es en el seguimiento tanto a los que dicen que si, como a los que dicen que no.

Las empresas financieras son muy eficientes, es en el seguimiento de sus clientes, por eso el sector financiero es tan productivo. Si nosotros tomamos en cuenta el seguimiento a los prospectos, también podemos elevar nuestro nivel de productividad, cierre y por ende nuestros ingresos. Aprender a usar la agenda es sumamente muy importante para este efecto.

BASES DE DATOS

El corazón del seguimiento es la base de datos, por supuesto esta base de datos puede tener muchas variables.

Sugiero que tengas en agendas o cuadernos separados las siguientes categorías:

- Clientes Activos
- Socios Activos
- Prospectos de negocio que vieron la presentación
- Prospectos de producto que vieron la presentación
- Prospectos Nuevos

Aparte del nombre, telefono de contacto y notas sobre cada relación, debes tratar de conseguir su correo electronico y su usuario en las redes sociales.

La idea es que a principio de cada mes revises a los activos para dar seguimiento.

A los que vieron presentaciones y no han tomado una decisión, vale la pena que mantengas por lo menos una comunicación al mes durante los siguientes 6 meses a la presentación, por lo menos con un volante o flyer, postal o postcard o algún tipo de material que mantenga fresca la información que ya recibió.

También se puede enviar promociones o incluso regalos de temporada.

AL INICIO DE CADA MES CON TUS CLIENTES

Es muy importante que puedas realizar una ronda de comunicaciones al inicio de cada mes para preguntar a tus clientes si tienen alguna pregunta, puedes compartir con ellos algún tipo de promoción, como excusa o solo recordar que estas a la orden y quizás saben de alguien que quizás pueda necesitar conocer tu oferta de producto o servicio.

Evita los contactos de fin de mes, porque eso denota desesperación y una relación basada solo en interés.

AL INICIO DEL MES CON TUS SOCIOS

Con tus socios la relación debería ir en la misma dirección, al inicio de mes se debería evaluar el resultado del mes anterior y preparar un plan de acción para el presente mes.

Se debería trabajar juntos en un plan de capacitación y tambien de mercadeo (acciones concretas).

Si tienes un sistema de comunicación grupal como un grupo privado en facebook, email, Twitter o Whatsapp deberías programarlo para poder enviar un mensaje y que todos estén informados de noticias, promociones, eventos, etc.

Evita los contactos de fin de mes, porque eso denota desesperación y una relación basada solo en interés.

Te sorprenderas el poder que tiene el seguimiento tanto en clientes, como en socios.

CAPÍTULO 7

DUPLICACIÓN

Eric Worre de Go Pro dice: **"si algo es bueno en Multinivel, pero no es duplicable, entonces no es bueno"** . El Secreto de nuestra industria es la duplicación.

Tener un sistema que las personas puedan seguir para prospectar, presentar y entrenar es indispensable par que nuestro negocio crezca.

Las empresas tiene materiales que entregan y a los que dan acceso a los nuevos socios, pero cada uno de nosotros que hemos decidido deberíamos tener un sistema que pueda ser seguido por los socios y pueda ser enseñado son complicaciones.

Puedo sugerir algunos pasos.

1) Reunión de bienvenida para nuevos socios.
No importa si es 1 o son muchos cada semana debería haber una reunión en la que se revisen los materiales, productos y documentos que el socio recibió al inscribirse y explicarle cual el uso y la importancia de cada uno.

2) Estrategia para mover el primer producto.

Si realmente queremos que nuestro negocio sea rentable, estable y desarrolle un modelo exitoso, debemos enseñar a la gente a mover el producto de forma fácil y rápida.

Primero lo primero, eso es, SER PRODUCTO DEL PRODUCTO , hay que usarlo, consumirlo y tener un testimonio personal que pese a la hora de comenzar a venderlo.

No digamos que Multinivel no es ventas, de hecho la gente que más dinero gana son lo que comienzan vendiendo y logran enseñar a miles a vender el producto.

Por eso el siguiente paso es conocer los beneficios del producto o servicio y poder compartir con la mayor cantidad de gente posible dentro y fuera del internet los beneficios, no formulas, patentes, historia, etc.

El consumidor normal quiere saber si el producto le sirve para salir del dolor, frustración o problema que tiene. Si tu logras convencerlo de eso podrás vender mucho producto.

Las fórmulas más prácticas en este momento del mercadeo son hablar con la mayor cantidad de personas del producto o servicio y si la persona muestra interés, compartir un folleto y si lo permite enviarle un video a su teléfono celular para que pueda ver una explicación más amplia, solo si hace falta.

Mientras más rápida y sencilla es la venta, más es la cantidad de producto que podemos vencer.

3) Tiempo de promover el negocio.

Una vez que hemos vendido un cantidad relevante, pueden ser 10 a 20 productos, tenemos la autoridad moral para poder compartir el negocio diciendo que es un buen negocio, porque ya ganamos dinero de la venta directa y que el producto está dando resultados en nuestro mercado natural.

Igual que lo hicimos con el producto, compartimos nuestro testimonio de éxito con el negocio y dejamos que la gente pregunte, esto es en esencia el Mercadeo de Atracción.

Usamos de nuevo las herramientas que tengamos a nuestro alcance, ya sean folletos, videos en DVD, videos en internet, reuniones presenciales, virtuales, etc.

Si tomamos en cuenta los primeros capítulos de este libro, esta parte no sera muy dificil por que tu Marca Personal y tu Mercadeo de Atracción tiene que validarte y hacer más fácil al momento de compartir información de negocios.

4) Tiempo de entrenar.

Como cualquier equipo que se prepara para participar en el Mundial, nuestro equipo tiene que tener un programa permanente de entrenamiento en las habilidades que necesitan para realizar este negocio con éxito.

- Los temas a prepararnos de forma obligatoria son:
- Definir Nicho de mercado
- Técnicas efectivas de prospección. Mercadeo de Atracción, no persecución.
- Técnicas efectivas de presentación.
- Técnicas de cierre y manejo de objeciones.
- Seguimiento
- Duplicación.

Quizás se necesiten otras especialidades como Mercadeo en Internet, El Arte de Hablar en Público, Neuromarketing, etc.

EVENTOS

No puedo dejar de mencionar que enseñar a participar en todos los eventos corporativo es parte esencial de la duplicación.

Estos eventos tiene un importante elemento de motivación, inspiración, integración, estrategias, etc y sirven para que los nuevos conozcan la cultura organizacional de la empresa y a sus líderes, sino también para que vean el reconocimiento de personajes con los que pueden identificarse e inspirarse para construir su propia historia.

ENTRENAR INTELIGENTEMENTE

En el proceso de crear los Sistemas de Entrenamiento, recomiendo muy particularmente los Sitios de Miembros en Internet, que son websites protegidos en donde podemos alojar materiales en video, audio, documentos word o PDF que nos permite que el equipo se entrene desde sus casas por internet o desde sus teléfonos inteligentes.

En el pasado estos sistemas necesitaban que contrataramos especialistas programadores y diseñadores, pero ahora es un poco más sencillo.

Siempre hay que producir el material que vamos a compartir, pero se hace una vez y sirve para que miles de veces sea compartido sin que nadie pueda modificar el contenido, con lo que protegemos la continuidad y duplicación exacta del sistema.

CAPÍTULO 8

Especialización

Al igual que en todas las profesiones, existen los que son considerados EXPERTOS y según la Universidad de Harvard, un experto es una persona que tiene una experiencia comprobada de más de 10 mil horas en una profesión u oficio.

En Multinivel esto es una realidad, hay personas que pasan de esa cantidad de horas y vienen arrastrando a miles de personas a las que han mostrado el camino y que de una u otra forma han beneficiado a través de su propia experiencia.

Pero no todos son concientes que sus buenos resultados, habitos, tecnicas y experiencias pueden organizarse de tal manera que puedan ayudar a muchas más personas fuera de su organización, con lo que también pueden estar atrayendo aun a más personas de las que se puedan imaginar.

Hasta hace algunos años hablábamos de "líderes" y desde hace unos pocos años nos damos cuenta que existen personas que son más grandes e influyentes que los "líderes", ahora llamados **Mentores, Coaches o Expertos**.

Convertirse en un Mentor, Coach o Experto es un proceso que puede dar muchos dividendos en todo sentido, comenzando en una satisfacción personal porque podemos ver nuestro propósito de vida cumplirse en este proceso de transformación.

Podemos ayudar a otros a encontrar su propósito, siguiendo nuestro ejemplo y podemos equipar a la gente, pero con la gran variable que podemos ayudarles por medio de nuestra experiencia y técnica a acortar la curva de aprendizaje que en esta industria ha sido superior a los 15 años en la mayoría de los casos.

Hasta ahora los grandes secretos de años de triunfos y fracasos estaban reservados en las mentes de lo que habían superado la prueba, pero cada vez es más cierto que "lo que sembramos cosechamos" y la gente que siembra su experiencia para ayudar a otros a encontrar el camino y lograr resultados de una forma más rápido, reciben de la vida mayores recompensas de las que se pueden imaginar.

Para ser un **Expertos, Coach o Mentor** de forma efectiva, hay que estudiar con otros que ya lo hacen y así poder ordenar todo el cúmulo de conocimientos, información, experiencias y técnicas, de tal forma que las podamos compartir de forma académica.

El Autor

Edgardo Moreno es periodista en ejercicio por más de 30 años tanto en Radio, prensa escrita y Television. Ha sido corresponsal internacional para prestigiosas agencias de noticias, que lo han llevado a trabajar en todo el Continente Américano, el Caribe, Europa y el Norte de Africa.

Es un emprendedor desde los 14 años y tras reconocer que en los negocios se fracasa por la falta de capacitación,se ha especializado desde hace 25 años en Planificación Estratégica de Negocios, Mercadeo y Ventas, Ventas Directas, Comercio Electrónico, Neuromarketing y otras escialidades afines.

Es conferencista y capacitador especializado en temas como el Mercadeo de Atracción, Mercadeo en las Redes Sociales, Marca Personal, Video Marketing, especializades que le han posicionado como una autoridad en el tema por más de 10 años.

En el campo de la innovación educative ha mostrado su cmpromiso con los emprendedores a traves de sus iniciativas www.AcademiadeExpertos.com www.LaMaestriaenMultinivel.com y www.MultinivelExpress.com así como en sus programas de Coaching de alto desempeño Mentoria 10X, Coaching Millonario y el Coaching de Vida.

Desde hace 15 años reside en Los Angeles, California,USA.

www.ingramcontent.com/pod-product-compliance
Lightning Source LLC
Chambersburg PA
CBHW021025180526
45163CB00005B/2125